MW01538198

Made in the USA
Las Vegas, NV
28 July 2022

52314542R00066